CHAMBRE DE COMMERCE DE REIMS

SÉANCE DU 9 DÉCEMBRE 1895

MARCHÉS A TERME

RAPPORT

DE

M. J. POULLOT, Président

REIMS

IMPRIMERIE ET LITHOGRAPHIE MATOT-BRAINE

Henri MATOT, Fils & Successr

6, Rue du Cadran-Saint-Pierre, 6

1895

CHAMBRE DE COMMERCE DE REIMS

SÉANCE DU 9 DÉCEMBRE 1895

MARCHÉS A TERME

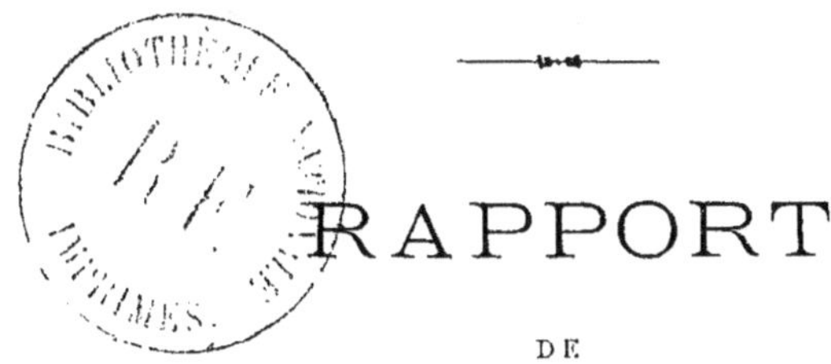

RAPPORT

DE

M. J. POULLOT, Président

REIMS

IMPRIMERIE ET LITHOGRAPHIE MATOT-BRAINE

Henri MATOT, Fils & Successr

6, Rue du Cadran-Saint-Pierre, 6

1895

CHAMBRE DE COMMERCE DE REIMS

SÉANCE DU 9 DÉCEMBRE 1895

MARCHÉS A TERME

Rapport de M. J. POULLOT, Président

MESSIEURS,

Dans sa séance du 2 octobre 1894, après avoir entendu le rapport de M. Eugène Gosset, notre Compagnie a exprimé le vœu que les *marchés à terme* de laines fussent assimilés aux opérations de bourse, et, comme tels, frappés d'un impôt, en raison du caractère presque exclusif de jeu, de spéculation pure, que présentent ces marchés.

Depuis cette époque, les abus si criants auxquels donnèrent lieu ces opérations, n'ont fait que grandir, au point que, toute l'industrie lainière et le commerce des laines (à de très rares exceptions près), s'en sont fortement émus, et que tous les centres manufacturiers de la laine : *Roubaix, Tourcoing, Reims, Elbeuf, Sedan, le Cateau, Fourmies, Amiens, Mazamet,* ont formé des comités ayant mission de chercher le remède à apporter à cette situation.

Les délégués de ces centres manufacturiers se sont réunis à Paris, le 29 octobre dernier (1), et, après avoir échangé leurs idées sur la question, furent unanimement d'avis de demander la suppression des marchés à terme de laines peignées, attendu que tout essai de réglementation ne serait qu'un leurre et n'aurait aucune efficacité.

Le lendemain, 30 octobre, les dits délégués ont été présentés à M. le Ministre du commerce, par M. *Dron, député de Tourcoing*, accompagné de MM. *Barbey, sénateur, Isaac Villain et le baron Reille, députés*, et *Michau, député manufacturier*.

M. DRON a expliqué à M. le Ministre du commerce que, dans le tableau annexé au décret du 28 Mai 1858, indiquant les marchandises susceptibles d'être vendues en vente publique, figuraient les « *Laines* » sans autre désignation ; que ce tableau avait été modifié par celui annexé au décret du 31 mai 1863 où le mot « *Laines* » est employé avec l'*expression restrictive* de « *Laines en suint et lavées* ». Il a démontré ainsi, qu'au point de vue législatif et administratif, le marché *à terme de Roubaix-Tourcoing* avait été créé irrégulièrement. La Caisse de liquidation de Roubaix s'autorise d'une lettre adressée à la Chambre de commerce de Roubaix, en 1877, par M. Ozenne, alors ministre du commerce, qui, étendant à la *laine peignée* la désignation de *laine lavée*, a émis l'avis que les ventes publiques de laines peignées pouvaient être établies sans un décret spécial. Il y a eu, de ce fait, une erreur d'interprétation, et il est hors de doute qu'une simple lettre ministérielle ne peut réformer un décret rendu en Conseil d'État, et dont les termes sont si limitatifs.

(1) Les représentants de Reims étaient : MM. Maurice Noirot et J. Poullot, manufacturiers, Eugène Gosset, Albert Lainé et Charles Brunette, négociants en laines.

M. le Ministre du commerce a reconnu le bien fondé des observations de M. Dron.

Celui-ci a rappelé ensuite les plaintes formulées par divers intéressés, et notamment par les Chambres de commerce, les négociants et manufacturiers des centres industriels que nous venons de citer, et, il a conclu que le seul remède efficace contre les abus et les effets néfastes du *marché à terme* était sa suppression pure et simple, en ce qui concerne les *laines peignées* qui, sans conteste, doivent être considérées comme *produit manufacturé*.

M. Liagre-Flipo, *de Tourcoing*, a pris ensuite la parole et a fait voir que le jeu qui s'est emparé du *marché à terme*, en a faussé le but et a amené des résultats absolument contraires à ceux que l'on attendait.

Il a démontré :

1° Que, loin de régulariser les prix, il établit des cours fictifs, résultat des opérations de jeu faites tantôt à la hausse, tantôt à la baisse, n'ayant aucun rapport avec la situation vraie de l'industrie, faussant les cours qui s'établissent ainsi en dehors de la loi de l'offre et de la demande.

2° Que la fabrique n'a jamais pu trouver dans ces marchés, les facilités d'approvisionnement que les promoteurs du *terme* lui avaient fait espérer, et ce, en raison des caprices de ce marché.

3° Que les opérations inscrites à la cote du *terme*, représentent au moins dix fois les livraisons effectuées et la production réelle du type Buenos-Ayres qui y est offert.

4° Que la suppression du *marché à terme* de Roubaix-Tourcoing ne peut avoir d'effet fâcheux sur le trafic de ces villes, non plus que sur les ports de Dunkerque et du Havre.

5° Que le *marché à terme* n'a point procuré aux producteurs de laine peignée, les avantages qu'ils en attendaient ; qu'il a contribué à accentuer les crises dans les autres centres de consommation, à l'avantage des pays de production de laine brute.

M. LIAGRE a montré en outre :

Qu'il n'existe pas de *marchés à terme sur laines en Angleterre*, où se tient le plus grand marché de laines de l'Europe et où la consommation de cette matière est considérable. — Tout le commerce est opposé à cette institution.

Que, s'il existe un *marché à terme sur laines peignées de la Plata à Leipzig*, les filateurs et fabricants allemands se sont coalisés depuis longtemps contre ce marché, s'engageant à n'acheter ni employer aucune filière en provenant, qu'il a dès lors perdu son importance. De plus, ces mêmes industriels font, en ce moment, des démarches actives pour obtenir la suppression complète de ce marché.

Qu'une demande faite par une association de courtiers pour être autorisés à établir un marché similaire à *Berlin*, a été énergiquement repoussée par le gouvernement allemand.

Qu'il existe également un *marché à terme sur peignés* à *Anvers*, mais, cette ville n'étant pas une place de fabrication de laine, il n'est alimenté que par le jeu. La *Chambre de Commerce de Verviers*, seule ville industrielle importante de Belgique et faisant une grande consommation de laine, a condamné cette institution dans son rapport du 3me trimestre de l'année 1894, en constatant « *qu'au lieu de régulariser les cours, le marché à terme a* « *jeté une pertubation profonde et a causé un mal incalcu-* « *lable* ».

M. PECQUÉRIAUX, de *Sains-du-Nord*, a fait remarquer

à M. le Ministre que le *marché à terme*, loin d'être un instrument de crédit, n'avait été qu'une cause de ruine et de discrédit. Le jeu qui s'y pratique a, non seulement, amené des catastrophes, mais il a atteint bien des fortunes, jeté le doute et la méfiance dans les esprits et fortement ébranlé le crédit, principalement sur les places où ce jeu a pris un grand développement comme à Roubaix et à Tourcoing.

Il a démontré, au contraire, que le *marché à livrer* qui se pratique couramment entre négociants et industriels est un instrument de crédit utile et nécessaire ; non seulement, il donne aux fabricants la faculté de se couvrir de leurs engagements en s'assurant, à l'avance, des livraisons à époques échelonnées et à des prix déterminés, mais il peut, en outre, porter sur des qualités variées nécessaires à sa fabrication, tandis que le *terme* ne porte que sur une seule qualité et encore avec un aléa de 4 0/0 !

M. André Lebon, *Ministre du Commerce*, s'est déclaré suffisamment renseigné sur la question, il a promis que, ce jour même, il la mettrait à l'étude et transmettrait le dossier à son successeur non encore désigné.

Les *Chambres de Commerce* intéressées ont, toutes ou presque toutes, demandé la suppression de ces marchés ou leur transformation.

Nous citerons celles de *Mazamet, Avesnes, Sedan, Elbeuf, Cambrai, Tourcoing* et la nôtre. La *Chambre de Commerce de Roubaix*, elle-même, dans sa séance du 14 juin 1894, reconnaissait « *que le jeu avait fait dévier le* « *marché à terme de son but et qu'il cause un préjudice* « *sérieux et réel, même à ceux qui ne s'y intéressent pas* ».

La *Société du Commerce et de l'industrie lainière de la région de Fourmies* s'exprime ainsi au sujet des marchés à terme sur laines peignées :

« *Nous ne doutons pas que le Gouvernement de la Répu-*
« *blique pensera comme nous que, si le jeu est chose regret-*
« *table quand il s'agit de « Roulette », de « Baccarat » ou*
« *de Courses, c'est bien autre chose quand il se porte sur*
« *une matière qui, comme la laine, est l'objet d'un commerce*
« *énorme et alimente une industrie considérable.*

« *Dans le second cas, il y a, à côté des joueurs, tout un*
« *monde de travailleurs, négociants, industriels et ouvriers*
« *qui subissent le contre-coup du jeu, dont le travail qui*
« *fait la force vive de la nation se trouve compromis, arrêté,*
« *découragé par les parasites du jeu.*

« *S'il est du devoir d'un gouvernement de chercher à*
« *empêcher le jeu qui est une action malsaine et immorale,*
« *ce devoir n'est-il pas bien plus impérieux quand, à cela,*
« *s'ajoute le devoir, non moins grand, de protéger toute une*
« *classe de travailleurs qui concourent à la fortune, à la*
« *grandeur du pays et au bien-être général* ».

Notre Chambre se trouve aujourd'hui saisie, par le Comité qui s'est formé à Reims, d'une pétition faite sous forme de *Referendum* dans tout le commerce et l'industrie de la laine de notre région (les courtiers exceptés). Le comité a présenté à la *signature de tous, et, simultanément,* deux pétitions, l'une demandant à la Chambre de Commerce de faire, auprès du Gouvernement, les démarches nécessaires pour obtenir la *suppression des marchés à terme sur laines peignées,* l'autre demandant, au contraire, le maintien de ces marchés.

La pétition exprimant le vœu du maintien des marchés à terme sur peignés n'a rencontré aucun adhérent.

Au contraire, celle demandant la *suppression de ces marchés,* a recueilli à Reims et dans l'arrondissement, *l'adhésion unanime* de tous les industriels, au nombre de 48, occupant 14,796 ouvriers, et celle de 26 négociants en laines représentant la presque unanimité, deux seuls s'étant abstenus.

Tous les industriels de *Rethel et de Suippes,* au nombre de huit, employant 1,085 ouvriers et traitant toutes leurs affaires à Reims, ont tenu, quoique ne faisant pas partie de la circonscription de notre Chambre, à lui exprimer leurs vœux unanimes pour la *suppression* du marché à terme sur laines peignées.

Les producteurs de laines de *Meaux* et de *Senlis,* qui font peigner leurs laines à Reims et les y vendent, nous ont exprimé le même vœu.

Les autres centres lainiers ont été également consultés par voie de *referendum.*

Dans la *région de Fourmies,* parmi les 130 membres de la *Société du Commerce et de l'Industrie lainière,* 92 ont demandé *la suppression* du marché à terme sur peignés, 31 en ont réclamé le maintien et, parmi ceux-ci, il ne se trouve que trois industriels — les sept autres membres n'ont pas répondu ou étaient absents.

Dans *la Région du Cambrésis,* 31 industriels, employant 9000 ouvriers, réclament la *suppression* du marché à terme, 4 seulement en désirent le maintien.

Nous ne connaissons pas encore le résultat des démarches faites à *Roubaix* et à *Tourcoing,* mais nous savons qu'une majorité considérable est hostile aux marchés à terme de laines peignées.

En présence d'une manifestation aussi imposante de la presque unanimité des industriels et de la très grande majorité des négociants en laines de tous les centres lainiers, nous allons examiner les griefs reprochés au *Marché à terme.*

I. — *Les opérations à terme sur laines peignées sont hors de proportions avec la quantité qui peut être produite et le jeu prime toutes les opérations qui s'effectuent sur ces marchés.*

La production de *La Plata*, pour la saison 1894-1895, a été de 450,000 balles environ, mais il faut en déduire 150,000 balles de laines croisées qui, en aucun cas, ne peuvent servir au terme, et, en outre, toutes les laines fines à carde, les agneaux 2ª et 3ª ainsi que les genres " entre Rio et Saltos " qui, tous, sont employés par la fabrique sans passer par le marché à terme.

D'après les renseignements les plus précis, les laines de *La Plata*, propres au *type unique du terme*, ne produiraient pas plus de sept à huit millions de kilos de peigné, et, toutes n'y sont pas vendues. Or, d'après les statistiques, on peut voir que, du 1er novembre 1894 au 31 octobre 1895, la caisse *de liquidation de Roubaix* a enregistré, selon la cote officielle, en laines peignées :

$$36,155,000 \text{ k}^{os}$$

et celle *d'Anvers* pendant la même période $59,235,009 \text{ k}^{os}$

Soit ensemble : $95,390,000 \text{ k}^{os}$

Il serait vraiment bien intéressant de savoir comment on peut faire pour plus de 95 millions de kilos d'opérations avec 7 ou 8 millions de peigné effectif, sans que le jeu n'y entre pour la plus large part !

Il est cependant indéniable que cette faible quantité, grâce à d'habiles manœuvres, arrive à influencer toutes les *laines d'Australie, de France et de Russie.*

Nous avons pu connaître, de source très autorisée, comment s'étaient réglées les opérations du *marché à terme de Roubaix* depuis sa fondation. En voici le détail pour tous les genres de peigné.

ANNÉES	OPÉRATIONS	PRÉSENTÉ à l'Expertise	ADMIS
3 derniers mois de 1888	3.680.000	573.000	437.000
Années 1889...	37.100.000	4.135.000	2.275.000
1890...	47.515.000	5.740.000	2.823.000
1891...	17.390.000	4.390.000	1.770.000
1892...	28.130.000	3.950.000	1.851.000
1893...	30.380.000	7.480.000	3.764.000
1894...	53.460.000	14.390.000	6.734.000
Ensemble...	217.655.000^k	40.658.000^k	19.654.000^k

Le chiffre des admissions représente neuf pour cent des opérations, et le chiffre des *livraisons réelles*, qu'il n'est pas possible de connaître, doit être très inférieur, car il est notoire que les mêmes filières repassent plusieurs fois au marché.

Nous avons dit que le jeu primait toutes les opérations *du terme*. En voici la preuve : Deux négociants en laines de notre place ont été mis en liquidation judiciaire en 1894 et en 1895, et chez tous deux, on a constaté que les pertes éprouvées sur des opérations *à terme* de laines peignées (tentées *in-extremis* pour revenir à une meilleure fortune) étaient presque équivalentes à ce qui restait comme actif net à la liquidation.

Les mêmes faits se sont produits sur d'autres places que la nôtre.

II. — *Les cours de la laine sont constamment faussés par la spéculation et le jeu qui s'opèrent au* **marché à terme** *sur peignés, et il n'est pas possible à la fabrique d'y trouver la laine dont elle a besoin.*

La fixité relative de la valeur de la matière première est la condition essentielle de l'industrie qui ne peut vivre au jour le jour, et qui a besoin de stabilité dans ses prix de revient comme dans ses débouchés.

Or, cela est impossible avec le *marché à terme* dans lequel la grande majorité des opérations est l'œuvre d'une spéculation malfaisante, d'un véritable jeu qui viole la loi de l'offre et de la demande, et qui produit une hausse factice suivie d'une baisse non moins exagérée, sans autre raison que les caprices du joueur.

Nous sommes respectueux autant que personne, de la liberté des transactions, mais à la condition que cette liberté ne dégénère pas en abus aussi criants que ceux que nous venons d'énoncer.

Dans l'esprit de ses fondateurs, *le marché à terme* devait servir de régulateur au prix de la laine. Il devait donner à la valeur de la matière première cette stabilité que réclame notre industrie. Le contraire s'est produit, et l'on a toujours vu les écarts de valeur sur le type *marché à terme* plus considérables et plus imprévus, que sur les qualités de laine non représentées *au terme*.

Le 24 novembre 1890, par exemple, les joueurs faisaient monter le type peigné de la Plata *du terme* à 7 fr. le kilo, alors que le peigné d'Australie de qualité bien supérieure valait de 6 fr. à 6 fr. 25, mais ce même peigné de la Plata ne valait plus le 1er décembre suivant que 5 fr. 15, soit 1 fr. 85 de baisse en 6 jours.

Au mois d'avril 1892, les enchères de Londres ouvraient avec une tendance faible, et le peigné de la Plata *du terme*, montait, en moins de 8 jours, de 4 fr. 85 à 5 fr. 50, pour redescendre de nouveau, en 3 jours, à 4 fr. 85.

Pendant le second semestre 1894 et janvier 1895, le peigné *du terme de la Plata* baissait de 4 fr. 50 à 3 fr. 22. Du 1er février au 30 mars 1895, il remontait de 3 fr. 22 à 3 fr. 77 pour retomber le 22 mai à 3 fr. 50, s'élever de nouveau le 13 septembre à 4 fr. 42, et revenir le 15 octobre à 3 fr. 82.

Les qualités non cotées *au terme* ont vu, pendant cette même période (30 juin 1894 au 15 octobre 1895), leurs cours baisser d'une façon très sensible pendant 8 mois, puis remonter peu à peu au point de départ, mais les variations de ces qualités ont été bien moins sensibles que celles *du terme*, et il est certain que, sans l'influence des prix *du terme*, ces variations auraient encore été moindres. C'est le *peigné à terme* qui a fait inscrire le cours absolument factice de 3 fr. 22 pour le peigné de la Plata, c'est à lui qu'on peut attribuer la ruine d'un grand nombre d'industriels.

Le marché à terme n'est donc pas un instrument de spéculation légitime, mais bien un instrument d'agiotage, tel est notre principal grief. Ce n'est pas le seul. Il devait permettre aux fabricants et filateurs de s'approvisionner facilement, à des dates échelonnées, et de se couvrir de leurs engagements. Il a dû être immédiatement abandonné par ceux qui en ont fait l'essai.

1° A cause *de l'instabilité* des cours ;

2° A cause de *l'impossibilité de satisfaire, avec une qualité unique,* aux *besoins d'une fabrication variée.*

3° A cause de *l'irrégularité même de cette qualité,* puisqu'il est admis, *au terme,* une latitude de 2 0/0 au-dessus et de 2 0/0 au-dessous du type, ce qui fait pour le fabricant un écart de 4 0/0 sur le prix de revient et sur la qualité, qui ne peut plus répondre à ses besoins.

Par la force même des choses, *le marché à terme,* ne pouvant être utilisé par le commerce, s'est perfectionné comme instrument de jeu.

Il comportait primitivement deux types :

Un type supérieur répondant aux besoins les plus courants de la fabrique ;

Un type inférieur plus spécialement utilisé par la bonneterie.

Cette adoption de deux types présentait des avantages pour l'industrie ; pour l'agiotage, le type unique était préférable : on a donc supprimé le type supérieur.

On a créé, il est vrai, en février 1895, *un type supra*, mais les transactions sur ce type sont nulles, et le livreur a, d'ailleurs, la faculté de fournir du type unique en remplacement du *type supra*, moyennant une indemnité de 40 centimes par kilo à payer au preneur.

Malgré ces inconvénients, l'industriel qui veut user *du marché à terme* en est souvent empêché par la difficulté ou l'impossibilité d'obtenir, *au dit marché*, les filières qu'il demande aux cours pratiqués et portés sur la cote officielle, cours fictifs par conséquent.

III. — *En présence de tous ces abus*, **le marché à terme sur peignés**, *établi irrégulièrement et contrairement à la loi du 31 mai 1863, doit être supprimé.*

Le décret rendu en Conseil d'État, donnant la nomenclature des marchandises pouvant être mises en vente publique, et, par le fait, susceptibles d'être vendues *au marché à terme*, date du 30 mai 1863. Dans cette nomenclature la laine figure sous la dénomination de *laines en suint et lavées*, dénomination d'autant plus restrictive que le tableau, annexé à la loi du 28 mai 1858, et ainsi abrogé, portait la dénomination générale de *laines*.

Il n'existe aucun décret postérieur autorisant *le marché à terme sur la laine peignée.*

Comme nous le disions au début de cette étude, la caisse de liquidation de Roubaix-Tourcoing s'autorise d'une lettre adressée à la Chambre de Commerce de Roubaix par M. Ozenne, ministre du commerce, le 10 décembre 1877, ainsi conçue :

« Vous avez adressé à mon département, au nom de
« la Chambre de Commerce de Roubaix, une demande
« tendant à ce que les courtiers inscrits établis sur cette
« place, soient autorisés à faire, en bourse, des ventes
« publiques de laines peignées et de blousses. Le *Comité*
« *consultatif des arts et manufactures*, que j'ai saisi de la
« question, a reconnu que le peignage ne fait pas perdre
« aux laines leur qualité de matières premières et n'en
« change pas la condition et *leur valeur*, comme le ferait,
« par exemple, la filature. Les laines lavées sont com-
« prises dans la nomenclature des marchandises qui
« peuvent être vendues en vente publique. Or, les laines
« qui ont passé par le peigne à l'état de blousses ont été
« lavées, le peignage ne peut leur enlever cette qualité,
« par conséquent, elles paraissent rentrer encore après
« cette opération, dans les termes du décret du 30 mai
« 1863. D'après cela, Monsieur, je ne pense pas que, pour
« réaliser le vœu de votre Chambre, il soit nécessaire de
« modifier le tableau annexé au décret précité ».

C'est sur *simple avis du Conseil des arts et manufactures*
que l'on s'appuie, depuis 20 ans, pour vendre publique-
ment la laine peignée, et, par déduction, pour la tolérer *au
marché à terme.*

Prétendre que le peignage ne change pas la condition
et la *valeur* de la laine est un paradoxe difficile à soutenir.

Il n'y a rien de commun entre la laine lavée et la laine
peignée ; elles diffèrent par leur nature et encore plus
par leur valeur :

L'une est une *matière première* ; l'autre est un *produit
manufacturé.*

On ne peut contester que le comité des arts et manufactures, et après lui, M. Ozenne, ne se soient grandement
trompés.

La loi, d'ailleurs, donne raison au bon sens contre la décision du Ministre de 1877, en voici deux preuves :

1° Les industriels sont imposés à la patente pour leurs peigneuses, parce qu'elles fournissent un produit manufacturé ;

2° Le tarif douanier considère la laine peignée comme produit manufacturé, puisqu'il la soumet à un droit d'importation de 0 fr. 25 centimes par kilogr., tandis que les matières premières, les laines brutes, sont admises en franchise.

Nous avons démontré que le *marché à terme des laines peignées de Roubaix-Tourcoing* avait eu des conséquences funestes pour l'industrie, que son existence était illégale. Les intérêts de notre industrie et ceux de nos ouvriers, nous donnent le droit d'en demander la suppression.

IV. — *La suppression du marché à terme de laines peignées de Roubaix-Tourcoing n'aurait aucun inconvénient pour ces deux places.*

Les défenseurs du *marché à terme sur peignés de Roubaix-Tourcoing* prétendent qu'en supprimant ce dernier, on ne supprimera pas les affaires qui s'y traitent ; que les mêmes opérations seront transportées à Anvers, que cette ville profitera des quelques centaines de mille francs de commissions, et que, malgré tout, le terme existera comme auparavant.

Autant alors demander la création d'un établissement de jeu dans une ville de France, afin de conserver à notre pays des bénéfices aussi critiquables que ceux de Monaco.

La vérité, c'est que le marché d'Anvers seul n'aura pas la même influence morale (nous allions dire immorale) que les marchés réunis d'Anvers et de Roubaix.

L'industrie et le négoce, aussi bien en fils qu'en tissus, se désintéresseront vite des variations de cours du terme d'Anvers, devenu plus que jamais affaire de jeu exclusivement.

De plus, il ne faut pas oublier que ce marché est lui-même l'objet de nombreuses protestations de la part des industriels belges intéressés, autant et plus que nous à sa suppression.

Si vous partagez mes appréciations, je vous propose, Messieurs, de prendre la délibération suivante :

La Chambre de commerce de Reims :

Vu la pétition qui lui est adressée par l'unanimité des industriels et la presque unanimité des négociants en laines de sa circonscription, ainsi que par un certain nombre d'industriels et négociants en laines du dehors, traitant leurs affaires sur la place de Reims.

Considérant que les opérations à terme sur laines peignées faussent les cours et troublent la marche normale du commerce, en détruisant le rapport qui doit nécessairement exister entre le prix de la matière première et le prix de la matière fabriquée ;

Considérant que ces opérations ne correspondent que pour une très faible part aux besoins de l'industrie, et qu'elles ne sont, au contraire, en grande majorité, que des opérations de jeu ;

Considérant que la laine peignée est un produit manufacturé, et non une matière première ;

Considérant que les marchés à terme sur laines peignées n'ont pu être établis que par suite d'une fausse et abusive interprétation du décret du 30 Mai 1863 ;

Se fait un devoir d'appuyer les pétitions qui lui sont adressées à ce sujet, d'une manière si unanime, par tous les intéressés ;

Et demande instamment à Monsieur le Ministre du Commerce et de l'Industrie de vouloir bien ordonner la suppression du marché à terme sur laines peignées de Roubaix-Tourcoing.

La Chambre :

A l'unanimité des membres présents, approuve le rapport de son Président, et, le transformant en délibération, décide qu'expédition en sera adressée à Monsieur le Ministre du Commerce, de l'Industrie, des Postes et des Télégraphes, à MM. les sénateurs et députés du département de la Marne, ainsi qu'aux Chambres de commerce intéressées.

POUR EXPÉDITION CONFORME :

Le Président de la Chambre de Commerce,

J. POULLOT.

9 Décembre 1895.

Reims. — Imprimerie MATOT-BRAINE, rue du Cadran-Saint-Pierre, 6.